Contraste Insuffisant

NF Z 43-120-14

– Prix : 1 franc –

DÉPOT
368

M. l'Abbé DAL
CURÉ DE FAUMONT

À

la

RECHERCHE

– du –

Bonheur

ORCHIES
IMPRIMERIE BERJO ET BACIS
GRAND'PLACE
1901

A la  Recherche

du

Bonheur

M. l'Abbé DAL

Curé de Faumont

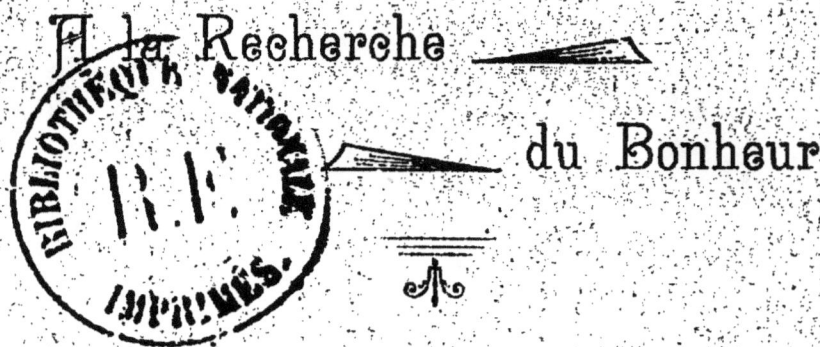

À la Recherche du Bonheur

Le Bonheur

Voilà six mille ans que les hommes ont perdu le bonheur, et voilà six mille ans qu'ils sont à sa recherche par tous les chemins connus et inconnus.

Comme l'enfant à qui l'on a enlevé le riche jouet qu'il tenait en main, ils pleurent et se lamentent, avec cette différence que l'enfant oublie et s'apaise et qu'eux n'oublient jamais.

Voulez-vous, chers lecteurs, m'accompagner; nous nous mettrons en campagne, nous aussi, et comme tant d'autres nous chercherons. N'ayez nulle crainte, nous n'irons pas, comme

Jules Verne, par des chemins fantastiques et inexplorés, prendre pied dans la lune dans l'espoir de l'y trouver.

M'est avis qu'il ne s'est pas retiré à de pareilles distances, qu'il est tout proche de nous, à portée de la main et qu'il doit bien rire dans le coin où il s'est retiré en voyant les hommes le côtoyer sans cesse et ne le trouver jamais.

Nous laisserons donc là chemin de fer, locomobile, ballon, vélo et voiture. Comme nos bons ancêtres nous marcherons à pied pour mieux voir et entendre, et sans trop nous éloigner nous interrogerons voisins et amis, riches et pauvres, grands et petits, hommes de tout métier et de toute condition ; nous nous interrogerons nous-même. Qui sait, il est peut-être tout près, tout près de chez nous.

Si nous le trouvons, fût-il en haillons, ah ! comme nous l'empoignerons, n'est-ce pas, mes chers amis ? ce sera pour nous une meilleure aubaine que la conquête du Transvaal et de ses mines d'or.

*
* *

PASSONS d'abord en revue, si vous le voulez bien, les différentes professions ; peut-être est-il accroché à l'une d'elles.... Hélas ! que de plaintes et de récriminations. Tous tant que nous sommes dans la vie nous nous la-

mentons sur notre état et portons envie à la
condition du voisin. Cette disposition de trouver
tout au pire dans sa condition est si générale
et si ancienne que déjà un poète latin s'en
plaignait par des vers que l'on a ainsi traduits :

> D'où vient que personne en la vie
> N'est satisfait de son état ;
> Tel qui voudrait être soldat,
> A qui le soldat porte envie.

Si nous nous reportons vers le passé, nous
nous rappellerons qu'étant enfant nous partici-
pions déjà à ce malaise général : le métier
d'écolier nous paraissait bien lourd, et quand
le matin, le lendemain d'un congé surtout, nous
nous dirigions mélancoliquement vers les murs

noircis de l'école pour y rencontrer un maître
plus noir encore, nous eussions volontiers
échangé notre *croisette* contre le sac du men-
diant, eussions-nous dû pour cela brûler les

trois plus belles étapes de la vie : dix, vingt, trente ans.

Nous marchions à pas lents et par les plus longs chemins, enviant la liberté de l'oiseau qui volait dans les airs, les loisirs de l'agneau qui folâtrait ou dormait dans la plaine, sous le soleil du bon Dieu.

Confessons-le tout de suite ; plus d'un d'entre nous, cédant parfois au démon de la liberté, est allé, aux heures de classe, buissonner au milieu des champs, dans les bois et les vergers, où le surprenait un père vigilant et sévère.

Ces dispositions de l'enfance passent, sous d'autres formes, à l'âge mûr.

Les pauvres accusent la Providence de les avoir déshérités.

Etre obligés de mendier son pain, de coucher sur la dure, d'être à moitié vêtus, tandis que tant d'autres ne manquent de rien ; n'est-ce pas une injustice criante à leur avis ? Et tous les jours l'on en voit qui, pour s'élever d'un bond à la richesse, risquent de monter à l'échafaud.

Les riches, de leur côté, ont aussi des inquiétudes d'une autre sorte ; ils sont exposés à des pertes d'argent, à de nombreuses déceptions, à des affronts mortifiants, à des chagrins, à des trahisons de toute espèce, en un mot à mille petites misères que le pauvre ne soupçonne même pas. Oh ! disent-ils, qu'on est malheureux d'être riche ! Combien sont plus tranquilles nos simples fermiers, nos maçons qui sifflent gaiement la chansonnette en gâchant le mortier, en remuant des pierres.

Les ouvriers se plaignent amèrement de la

modicité des salaires, de la nécessité d'être chaque jour à la peine, de n'avoir pas même le dimanche pour se reposer et se réjouir. Ils crient, ils tempêtent contre celui-ci, contre

celui-là. Les conférences succèdent aux conférences, les réclamations aux réclamations, les grèves aux grèves; le tout entremêlé de bombes et de coups de fusil ; façons tout à fait modernes de manifester son mécontentement.

Le laboureur ne connaît pas de situation pire que la sienne ; et il s'irrite à propos d'un cheval rebelle au fouet, d'un caillou placé à l'encontre de sa charrue, d'un coup de tonnerre, d'une pluie. Si le soleil est ardent, il voulait une rosée ; s'il gèle, il lui fallait l'air chaud du vent du midi ; s'il neige, il demandait le soleil. Ses betteraves tombent à vil prix ; ses blés germent et descendent à des taux dérisoires.

— Oh ! que l'on doit être heureux dans les champs ! s'écrie l'habitant des villes, qu'il fait bon d'y vivre sous un toit de chaume, au milieu de ses enfants et de ses domestiques, loin du bruit et du tracas des villes. La splendeur de la nature, le doux murmure du ruisseau, l'oi-

seau qui chante sous la feuillée, les bœufs qui
mugissent, les moutons qui rentrent au bercail,
me poursuivent jusque dans mes rêves.

Comme la campagne est silencieuse, mono-
tone, ennuyeuse, riposte l'habitant des champs.
Il n'est que la ville ; les plaisirs y sont bien
plus nombreux et plus faciles, les salaires plus
abondants, le travail moins lourd et la vie
plus agréable. Allons en ville !

Les hommes mariés se mettent vingt fois en

colère contre leurs femmes : quelle mauvaise inspiration ai-je eue de me marier ! crient-ils.

Les femmes regrettent cette époque de leur vie où, n'ayant charge de mari, de famille et de domestiques, elles étaient si tranquilles dans la maison paternelle, à côté de leur mère, de leurs jeunes frères.

Où sont mes vingt ans ! s'écrie le vieillard.

Que n'ai-je trente ans ? s'écrie l'enfant.

Mes chers amis, puisqu'on se plaint dans toutes les conditions, restons où Dieu nous a placés, cela vaut mieux ; en changeant de condition vous ne feriez que changer, comme on dit, un cheval borgne contre un cheval

aveugle. A chacun son métier et les vaches seront bien gardées.

* *

Montons plus haut, s'il vous plaît. Ne se tiendrait-il pas caché sous les insignes des fonctionnaires et des hauts dignitaires de la nation ?

Ah !..... Un peu de pitié pour tous ces beaux messieurs galonnés et chamarrés qu'étreint le démon de l'ambition.

Je pourrais les faire passer tous devant vous; vous les montrer chassés successivement du pouvoir, abîmés, vilipendés, salis ; aux prises avec les injustices et les caprices des peuples, avec les soubresauts et les folies du suffrage universel ; forcés, à l'instar des épiciers et des cabaretiers, de courber l'échine devant toute espèce de monde ; d'autant plus esclaves qu'ils sont plus élevés, d'autant plus conspués qu'ils lèvent davantage la tête et tous tant qu'ils sont depuis l'illustre Loubet, quelqu'irresponsable qu'il soit, jusqu'au dernier des agents de police, occupés à secouer les affronts et les injures qui leur tombent drus comme grêle. Mais tout ce que je pourrais dire pâlirait devant les déclarations si nettes que M. de Bismarck fit à Leipsig, lui qui, avant d'avoir été balayé comme les autres, avait été le plus grand et en apparence le plus heureux des dignitaires de l'Europe :

« Dans ma longue vie, je n'ai été que rarement heureux. Si je fais la somme des rares moments de bonheur que j'ai eus, j'arriverai peut-être à vingt-quatre heures, et encore ! En politique, je n'ai jamais eu le temps d'être heureux. J'ai toujours eu à lutter et, quand j'avais vaincu, les soucis arrivaient avec la victoire dont il fallait tirer le plus de profit possible. Dans ma vie privée, j'ai eu des moments de bonheur, d'abord dans ma jeunesse, quand j'ai tiré mon premier lièvre ; puis plus tard, quand je fis de l'agriculture. J'ai été heureux aussi avec ma femme et mes enfants. Mais savoir jouir du bonheur est un don particulier que mon vieux maître, lui, possédait à un haut degré : il faut être à la fois flegmatique et sanguin. J'ai eu quelquefois bien du mal à lui faire prendre une résolution ; mais quand elle était prise, elle était solide ! on pouvait construire des maisons dessus. Il plaçait la vérité au-dessus de tout — et quelquefois les affaires publiques nous obligeaient à nous écarter un peu de la vérité. C'était très dur pour le vieil empereur. Il rougissait et fuyait mes regards, et je n'avais qu'à me détourner aussi vite que possible. Il a été heureux, le vieil empereur — et pourtant comme il a été aussi malheureux ! »

Tout se paie ici-bas et l'homme qui nous a vaincus, l'homme qui a édifié un empire sur des milliers de cadavres, l'homme qui a provoqué une guerre par un mensonge éhonté, est malheureux ! ses concitoyens le proclament un grand homme et au milieu de tous ses triomphes il a toujours été malheureux. C'est le châtiment — et tous ceux qui ont souffert par lui sont vengés : il a été malheureux, toujours.

*
* *

Le bonheur?... Mais ne se cacherait-il pas au sein des plaisirs? Oui, oui, il est là! me répondent une foule de gens au front pâli, aux yeux éteints, au corps amaigri. A moi les plaisirs de la table et du cabaret, à moi les bals, à moi les mauvaises lectures, les compagnies joyeuses et dissipées, à moi.... Un peu de patience, s'il vous plait, ne criez pas tous à la fois.

D'abord, arrière les libertins! il ne peut être question de bonheur dans ces jouissances honteuses qui flétrissent l'âme et le corps, qui amènent la vieillesse avant l'âge, qui laissent après elles le remords, la misère, la honte, le désespoir, l'abêtissement de l'esprit, l'extinction des sentiments honnêtes, le déshonneur.

A ceux qui se roulent dans cette boue nous accordons tout simplement le bénéfice de notre compassion. Nous n'avons pas d'autre réponse à faire.

Je n'ai pas non plus à m'arrêter longtemps sur les plaisirs de la table : l'habitude des mets

les plus exquis, des nourritures les plus recher-
chées ennuie, fatigue, engendre mille infirmités
que ne connaissent pas ceux qui observent la
tempérance.

Voilà un bel avantage, n'est-ce pas, pour un
individu, de se trouver devant une table chargée
avec un estomac blasé, fatigué, détraqué, fai-
sant le dégoûté devant tous les plats qui se
présentent ! Est-ce que ce bon ouvrier, qui
revient du travail avec la mine et les dents
allongées par la faim, ne fera pas dix fois meilleure chère en s'acharnant, lui et ses enfants,
sur le bon morceau de bœuf traditionnel que
sa femme aura préparé.

Et l'ivrognerie, ah ! l'ivrognerie ; c'est là un
bien vilain défaut.

User modérément de boisson à son repas,
rien de mieux quand on peut le faire, mais
boire pour le plaisir de boire, boire jusqu'à
s'enivrer, jusqu'à perdre la raison, oh ! je vous
aime trop pour vous l'accorder.

Le buveur n'a qu'un moment de satisfaction
et Dieu sait comme il passe vite.

Après cela, il n'est plus qu'un entonnoir qui s'ingurgite la boisson sans avoir le sentiment de ce qu'il boit, de ce qu'il dit, de ce qu'il fait.

Il est dans un état pire que l'animal.

On le bafoue, on le traîne dans la boue et il ne s'en aperçoit pas.

Avez-vous vu l'ivrogne dans sa maison ?... comme il brise la vaisselle, comme il maltraite

sa pauvre et malheureuse femme, comme ses enfants pleurent, fuient ou s'efforcent de désarmer ce forcené.

Le lendemain l'ivrogne est malade, il a honte de ses excès ; il comprend qu'il a perdu l'affection et l'estime de sa femme, le respect de ses enfants ; il ouvre sa bourse et la monnaie a disparu.

Il voit venir la ruine de sa maison, il s'en effraie ; mais le gosier altéré réclame, l'habitude exerce son empire et, à la première occasion, le malheureux retournera au cabaret pour y recommencer ses orgies.

En vérité, l'ivrognerie mène à l'hôpital bien plus sûrement qu'au bonheur.

2

IL est dans les richesses, nous répond un paysan qui regarde d'un œil d'envie le millionnaire passer dans une élégante voiture, entouré de sa femme et de ses enfants au brillant costume.

Vous vous trompez, cher ami, le bonheur ne roule pas en calèche, ne s'assied pas sur des monceaux d'or et ne fréquente guère les palais aux lambris dorés ; il est plus simple et plus modeste.

Outre les malheurs, les accidents, les infir-

mités, qui atteignent le riche comme tout le monde et qui retentissent plus longuement et plus douloureusement dans son âme délicate et sensible, il y a pour lui un tas de petites misères et de tracasseries que le pauvre ignore ! les jalousies, l'ambition d'accroître son bien, la peur de le perdre, l'embarras d'administrer, la nécessité de se fier à des gens de service qui peuvent tromper, etc., etc...

Quand un bon cultivateur, un bon ouvrier meurt, il ne laisse pas sans doute de grands biens à ses enfants, mais il peut leur dire : « Mes enfants, vous êtes forts et robustes, vous avez eu de bons exemples, une éducation chrétienne ; allez, travaillez, la bonne conduite et le bon Dieu feront le reste. »

Voilà un souci de moins pour le brave homme, ses enfants ont du pain au bout de leurs doigts ; ils se marieront avec des femmes courageuses qui se lèveront tôt et se coucheront tard, ajouteront leur petit profit à celui de leur mari, et tout ira bien dans le ménage.

Vous voulez être riche, soit. Combien voulez-vous ? Trente mille francs. — Vous les avez. Demain vous ne serez plus content ; vous vous croirez pauvre ; vous voudrez avoir une fois plus : soixante mille francs.

Au lieu de comparer votre nouvel état avec le premier d'où vous êtes sorti, vous vous comparerez avec d'autres bien plus riches encore, vous regarderez plus haut, vous voudrez être aussi magnifique, aussi honoré, aussi flatté que les millionnaires qui vous environneront, et, comme vous ne le pourrez pas, vous crèverez de dépit.

Et puis, voyons : que feriez-vous de votre argent ?... Vous voilà riche, je suppose ?...

Vous vous assiérez sur des fauteuils moëlleux, vous marcherez sur de beaux tapis de soie, vous habiterez des maisons toutes reluisantes de vernis, de cires et de dorures ; et croyez-vous que de s'asseoir et de marcher sur la soie, ça ôte la fièvre, ça guérisse le chagrin ? Pas le moins du monde.

Vous aurez des lits plus richement drapés ; mais ça donne-t-il le sommeil ?

Vous emprisonnerez vos enfants dans du drap fin et dans de riches dentelles, mais le drap épais, la toile solide qui les couvrent ne les garantissent-ils pas contre le froid ; ils ont tous leurs mouvements libres là-dedans, ils conserveront pour plus tard toute la souplesse de leur corps et toute l'énergie de leurs membres.

Vous parerez mieux vos filles ; mais leur naïve candeur, le franc et doux sourire de leurs lèvres, l'innocence et la paix de leur âme qui se reflètent sur leur figure, tout cela n'est-il pas une beauté bien plus vraie que cette beauté que l'on achète à tant l'aune, qui s'use avec le temps et qui se salit à la boue du chemin.

Vous augmenterez votre petit mobilier ; mais quand la soupe est bien faite et servie à point qu'importe qu'on la mange avec une cuillère d'étain ou une cuillère d'argent.

— Allons, allons, mon cher ami, Dieu est-il servi chez vous ? la religion est-elle respectée ?

— Oui, oui, et j'y tiens la main.

— Vos enfants sont-ils bien portants, sont-ils courageux, affectueux, respectueux envers vous ?

— Oui, certes.

— Vos filles sont-elles rangées ?

— Je n'ai pas à me plaindre de ce côté-là.

— Votre femme n'est pas trop méchante ?

— Non, au contraire.

— Eh bien alors, pourquoi chercher davantage, vous avez la plus belle des fortunes, vous ne voulez pas, je suppose, ressembler à cet imbécile qui cherchait son âne tandis qu'il se trouvait dessus ; à ces ronds-de-cuir qui cherchent leur porte-plume quand ils l'ont dans les dents.

***

TRÊVE à toutes ces vieilles rengaines, crie
» un ouvrier mineur ; vous êtes deux
» cents ans en retard ; il s'agit bien de tout cela
» aujourd'hui. —

» Nous allons en ligne directe à la sociale : il
» est là le bonheur que vous recherchez, dites-
» vous, depuis deux mille ans. »

C'est le plus malin, celui-là.

On supprimerait du même coup le maître
arrogant, le riche plein de fierté et d'orgueil,
les honneurs immérités, les fonctions jetées au
hasard sur la tête des grands, le pauvre plein
de haine et d'envie, le vagabond sans place et
sans ressources et tous ayant une part égale et
suffisante autour de l'assiette au beurre, on ne
parlerait plus d'ambition, d'orgueil, de haine,
d'envie, de vol, de rapines, de fourberies, d'as-

sassinats, de suicides, de gendarmes, de gardes-
champêtres, de prison et de guillotine.

Ce serait la main mise sur les trois divinités
aux pieds légers, poursuivies en vain depuis
cent ans : liberté, égalité, fraternité !

Jugez un peu quel monde ça ferait si le bon
Dieu se mettant de la partie venait à supprimer

de son côté les maladies, les fléaux, les tempê-
tes, les ouragans, les cyclones, le choléra, la
peste, les chiens enragés et les curés.

On crie déjà contre les abus de l'ancien

régime ; que de cris de paon l'on pousserait
dans sept cents ans quand nos descendants
liraient dans leurs gazettes les injustices, les
infamies dont nous sommes aujourd'hui les
malheureuses victimes.

« Dans sept cents ans ? vous récriez-vous,
» vous vous moquez de nous assurément. Nous
» y viendrons avant cela ».

Oui, dans sept cents ans ; car pour arriver à
ce paradis terrestre, pour y aller graduelle-
ment sans se casser le nez, il faudra du temps
et de la patience ; il y aura bien des obstacles
à franchir. Et aujourd'hui que nos gouvernants
donnent la main à l'autocrate de toutes les
Russies, il faut compter au moins encore sur un
retard de cent ans.

Pour moi, sans trop y rêver, je reprends journellement mon collier et mon fardeau : la lune est assurément un bel astre, mais je ne sache pas qu'on soit jamais mort d'amour pour elle.

Reposons-nous, mes chers amis, aussi bien toutes nos recherches restent vaines, et je suis tenté de vous fausser compagnie.

Asseyons-nous sur le bord de ce ruisseau dont les eaux limpides couleront sous nos pieds, image fidèle des joies et des biens de ce monde.

Je veux vous conter deux histoires que je prends dans mes *Récits humoristiques*, cela nous remettra en gaieté, car je sens la mélancolie me saisir au milieu des plaintes incessantes que nous venons de recueillir sur tous les chemins de la vie.

Connaissez-vous mes *Récits humoristiques* ? Je vous l'affirme, fussiez-vous maussades, atrabilaires, hargneux à tout briser, lisez-les et vous êtes guéris.

J'ai rendu à la santé par cet ouvrage plus

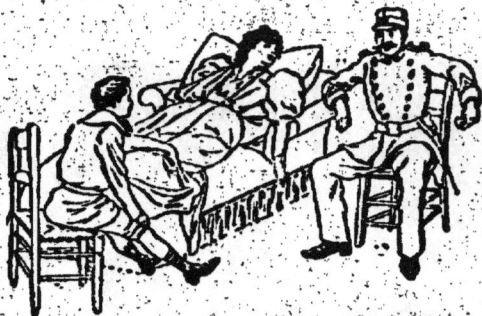

de soixante malades imaginaires dont je pourrais au besoin vous produire les certificats.

N'en dites rien à la Faculté ; elle serait capable de le faire brûler en place publique.

Je commence la première histoire ; elle m'a été contée dans mon enfance : je vous la reproduis telle quelle, sans vous en garantir l'authenticité.

Qu'elle soit vraie ou fausse, cela importe peu, du moment qu'elle nous remet en bonne humeur.

Henrimond III, roi des Astragants, tomba malade ; tout le palais fut en émoi, car la maladie, affirmait-on, était très grave.

De nombreux médecins sont mandés ; on les fait successivement passer devant le lit du malade et tous incontinent sont mis au secret.

En s'y prenant de cette façon, vous comprenez, on lui trouva de nombreuses maladies, assez pour faire mourir un régiment de sapeurs-pompiers.

Le roi, furieux de voir la médecine tombée en pareille posture, commanda de choisir le plus malin et de s'en tenir à celui-là.

C'est Patagand qui eut le périlleux honneur d'être élu.

— Approche, lui dit le malade d'une voix rude, donne-moi un remède efficace ou tu es assommé.

— Un jour de réflexion, s'il vous plaît, sire.

— C'est bien, fit le roi, et surtout pendant ce temps-là que la mort ne me surprenne pas, car tu serais enfermé sans pitié dans le tombeau où ton ignorance m'aurait jeté.

Le médecin revint le lendemain comme c'était convenu, palpa le malade, l'examina à mille places, fit l'entendu et se redressant subitement comme un homme suffisamment renseigné :

— Le remède est tout indiqué, dit-il ; il suffira de trouver la chemise d'un homme heureux et d'en revêtir votre majesté.

— Te moques-tu de moi par hasard ?

— Nullement, sire.

— Que peut faire sur mes entrailles en feu la chemise d'un homme heureux plutôt que

toute autre chemise, plutôt que tout autre vête-
ment ; une veste, un pourpoint ou un pantalon
à sous-pieds ?

— La chemise d'un homme heureux, sire, et
vous êtes guéri, reprit le médecin d'un air ins-
piré et en appuyant sur chacune des syllabes.

Le roi finit par être convaincu ; les malades croient facilement aux remèdes quelque
étranges qu'ils soient.

Un rayon d'espoir vint éclairer son front ;
une joie subite succéda à la sombre tristesse
qu'il faisait peser sur son entourage.

La chemise d'un homme heureux ! se disait-
il, le remède est drôle mais facile, facile à appli-
quer et surtout facile à trouver.

Dans mon royaume, tous mes sujets contents
de leur roi trouvent tout en abondance ; y pour-
rait-on trouver deux malheureux dans toute
son étendue, qui sait ?... je suis peut-être le seul
malheureux, je l'ai été toute ma vie ! !...

Il fait appeler son premier ministre : « Va,
dit-il, cherche-moi la chemise d'un homme heureux et apporte-la moi sans tarder ».

L'ordre était singulier, le ministre regarda
le roi avec étonnement, mais ne répliqua pas ;
il connaissait son homme.

Il s'adjoignit deux aides et se mit en campagne.

Ils allèrent de château en château, de palais en palais, de ferme en ferme, de chaumière en chaumière, et pas un seul homme heureux !

Ici, c'étaient des enfants indociles et rebelles qui troublaient la paix des familles ; là, c'était une jeune fille qu'on venait de marier et qui gémissait des brutalités et des rebuts d'un petit crevé ; plus loin, on pleurait un jeune homme mort à l'armée ; ailleurs, c'étaient des maladies qui s'acharnaient sur les familles et ne leur laissaient ni trêve ni repos ; ailleurs encore, c'étaient des pertes d'argent qu'on déplorait : partout des plaintes, partout des angoisses, partout des douleurs, partout des souffrances, partout des soucis, partout des malheureux !...

Un jour, n'en pouvant plus de fatigue, ils gagnèrent la campagne pour y prendre un peu de calme et de repos.

C'était à l'heure de-midi, la chaleur était accablante ; les ouvriers s'en étaient allés prendre leur repas ; les oiseaux cachés sous la feuillée avaient cessé leur ramage, les chèvres sauvages s'étaient réfugiées dans le creux des rochers ; les moutons dormaient à l'ombre en compagnie de leurs bergers ; le silence des champs n'était interrompu que par le bruissement des blés, le cri aigu de la cigale et le murmure des ruisseaux.

Tout à coup, dans le lointain, les sons d'une flûte se firent entendre : jamais le ministre n'avait entendu rien de plus ravissant ni dans les théâtres, ni dans les concerts, ni dans les marches triomphales : tous les meilleurs sentiments de l'âme naissaient tour à tour sous les charmes magiques de cette flûte enchanteresse; plus heureux que le roi Saül, le premier ministre sentait disparaître dans son cœur les ennuis, les soucis et la triste mélancolie.

— Cela part d'un cœur heureux, s'écrie-t-il ; c'est là-bas derrière cette haie d'églantiers.

Ils courent, ils se précipitent, regardent anxieusement à travers la haie et voient un jeune homme couvert de haillons ayant à ses côtés les restes d'un croûton de pain et une cruche d'eau à moitié vidée, et ses airs continuaient toujours avec le même entrain et la même perfection.

Le ministre tourne la haie et aborde le jeune homme en ces termes :

— Sais-tu bien, mon cher garçon, que tu joues parfaitement la flûte.

— Tout le monde le dit.

— Quel a été ton maître de musique ?...

— Je n'en ai jamais eu, j'ai appris tout seul.

— Les airs que tu viens de jouer, tu les as entendus quelque part assurément ?...

— Non, ils me viennent comme cela.

— As-tu dîné ?

— Oh ! oui, voici les restes.

— Mais c'est le repas d'un malheureux, cela ?...

— Oh! malheureux, pas tant que cela. Quand j'ai faim mon pain est délicieux, quand j'ai soif mon eau est exquise. J'ai mieux dîné assurément que le roi Henrimond III et son premier ministre.

— Tu as parfois des contrariétés, des contretemps?

— Oh! cela m'arrive comme à tout le monde.

— Tu es donc malheureux de temps à autre?

— Moi, malheureux, jamais! Si je pleure d'un œil, je ris de l'autre, et je joue de la flûte, ou bien je dis une bonne prière à mon Sauveur Jésus, ce qui vaut mieux encore.

— Et en hiver quand il fait froid?

— Je me chauffe dans cette cabane en face.

— Et l'été quand il pleut?

— Je prends mon parapluie.

— Tu es donc un homme heureux, toi?

— Assurément.

— Il nous faut ta chemise!

— Vous ne l'aurez pas.

— Il nous la faut et nous l'aurons.

Le jeune homme jette la flûte de côté, se lève et d'une voix énergique : « Je vous défends de la prendre ».

Sans plus de pourparlers tous les trois se jettent sur le jeune homme et le terrassent; l'un le prend par la tête, l'autre par les pieds, le troisième le déboutonne :

Malheur !... l'homme heureux n'avait pas de chemise.

* * *

VOICI la seconde qui n'est pas moins amusante.

Mathurin était cultivateur et paresseux ; c'est vous dire que Mathurin était en train de se ruiner.

Mais si les pièces d'or s'envolaient de sa bourse, en revanche son cerveau s'emplissait de vastes et nombreux projets.

Il avait pris son village et ses champs en horreur ; la ville lui allait mieux, *la ville*, comme dit la chanson, *aux palais dorés.*

Il avait à son sens les aptitudes suffisantes

pour être commis-voyageur, négociant, agent de change, journaliste peut-être.

Mathurin n'était pas le premier venu : il avait, tout jeune, décroché le certificat d'études primaires ; et, depuis, la lecture des journaux l'avait mis quelque peu au courant des affaires politiques.

Tout allait bien en son cerveau; l'avenir se présentait à lui sous les plus riantes couleurs.

Il se voyait entouré de nombreux domestiques, logé dans un vaste hôtel; il roulait en équipage dans les rues de la ville; ses chevaux fringants faisaient l'admiration des dames.

Le voilà député, sénateur, ministre, que sais-je?

Un jour qu'il était occupé à couper des chardons par une belle journée d'été, les bras lui tombèrent; il se laissa choir sur quelques bottes de paille et contempla les nuages.

Son imagination aidant, il les vit circuler sous les formes les plus fantastiques et les plus variées: c'étaient des chevaux avec leurs cavaliers, des ours immenses, des chameaux avec leurs lourds fardeaux, des armées rangées en bataille, et tout cela se transformant, se métamorphosant tour à tour sous l'action des vents et devenant des collines d'argent, des montagnes aux cimes dorées, des remparts détruits, des tours renversées. Mais voilà que tout à coup, du milieu de ce chaos, apparaît une grande et belle dame en chapeau pointu, tout enrubanné de bleu.

Elle s'avance vers lui appuyée sur un nuage blanc comme sur une couche royale, tenant d'une main une bourse pleine d'or, et de l'autre un anneau.

Il crut reconnaître en elle la fée des régions éthérées : ses traits n'avaient rien d'effrayant, le sourire de ses lèvres illuminait son regard ; ses vêtements somptueux étaient parsemés d'étoiles entremêlées de fleurs et d'épis.

Au comble de la joie, Mathurin allait se précipiter vers elle, mais la dame le devance.

Elle se penche vers lui avec bienveillance et lui offrant sa bourse qu'elle tenait en main : « Tu pourras dépenser et dépenser encore, cette bourse ne se videra jamais ». Elle lui mit ensuite l'anneau au doigt : « Avec cet anneau, ajouta-t-elle, tu pourras te transporter où bon te semblera ». Et elle disparut.

Mathurin, au comble de la joie, se livra tout d'abord à son désir de voir des pays lointains.

Il visita la Suisse avec ses montagnes et ses

lacs, l'Amérique avec ses larges fleuves qui la sillonnent en tous sens, l'Egypte et ses pyra-

mides, il admira le Rhin avec ses soubresauts
et ses bords escarpés, les Pyrénées et les Alpes
avec leurs cimes couvertes de neige.

On aurait vraiment dit qu'il y avait un mil-
lier de Mathurin dans le monde ; on le voyait
partout à la fois.

Il salua en passant l'Empereur de Russie,
l'Empereur d'Allemagne, le Roi d'Italie, la
Reine Victoria, l'Empereur du Maroc et le

Vice-Roi du Congo.

Il poussa une pointe jusqu'en Laponie,
revint en France après avoir fait un léger cro-
chet par la Sibérie, et alla enfin s'asseoir au
pied de la tour Eiffel, accablé de fatigue et
d'ennui.

« Quoi ! c'est cela le monde, se dit-il ? C'est
cela cette variété de merveilles qui devaient
tant me réjouir !

» Quelle déception ! Plus ça change, plus c'est
la même chose.

» Ce ne sont, dans tous les pays, que des plaines, des montagnes et des vallons qui se répètent.

» C'est partout le même soleil, le même ciel et les mêmes nuages, et, à peu de chose près, les mêmes villes, les mêmes monuments, les mêmes usages, les mêmes gens et les mêmes vices.

» Les voyages m'ennuient. Cherchons ailleurs et voyons si les plaisirs ne me donneront pas le bonheur. »

Il se fixa à Londres.

Il était certain d'y rencontrer des gens de toutes les nations qui lui rappelleraient le souvenir de ses nombreux voyages.

Il s'y livra tout entier aux plaisirs, aux divertissements et à toutes les joies imaginables. Il ne refusa rien à ses désirs et à ses caprices.

Bientôt pourtant il fut las de ces jouissances; les voluptés, par l'usage qu'il en faisait, devinrent insipides; plus il s'étudiait à les varier, plus il y trouvait du dégoût.

Son esprit désœuvré était tourmenté par un ennui presque continuel.

Puis vinrent les remords qui le tourmentaient avec d'autant plus d'acuité qu'il se trouvait presque toujours seul : les honnêtes gens le fuyaient.

Ce n'était pas encore là le bonheur.

D'un bond il fut en Amérique, au milieu d'une nation soi-disant civilisée.

Il voulut monter aux emplois. Son immense fortune lui gagna facilement des protecteurs et des amis.

Les connaissances qu'il avait acquises dans ses voyages le firent aisément passer pour un homme habile dans les plus grandes affaires.

Aussi de grade en grade il s'éleva promptement aux premières dignités, jusqu'à celle de ministre.

Arrivé à ce poste éminent, il fut assiégé par les affaires : tantôt c'étaient les ordres du

président, tantôt les audiences des quémandeurs qui ne lui laissaient pas un instant de repos.

Il y avait là sept ou huit partis différents qui se disputaient le ministre.

C'était une vraie bouteille à l'encre que la politique de ce pays-là, gouverné partout à la française.

S'il voulait maintenir l'ordre, on criait à la tyrannie ; s'il laissait faire, on le taxait de faiblesse.

S'il allait trop à droite, on le poussait à gauche ; s'il allait à gauche, on le poussait à droite.

Si ses discours étaient un peu nébuleux, on le mettait en demeure d'être clair ; s'il se prononçait carrément, les partis se battaient sur son dos.

Il fallait mentir, mentir encore et toujours mentir.

Et par-dessus tout les feuilles publiques, comme autant de guêpes envenimées, le piquaient, le tourmentaient, le harcelaient, l'exaspéraient.

Pour comble de malheur une guerre éclata.

Il ne pouvait pas reculer, c'eût été de la lâcheté.

Il fit contre mauvaise fortune bon cœur; il s'anima de la passion de la gloire, et, bien

résolu de réprimer l'orgueil de l'ennemi, il se mit lui-même en campagne.

Tout alla bien tout d'abord, des succès éclatants vinrent couronner ses efforts.

Aussi c'étaient de toute part des louanges, des acclamations, des vivats à n'en pas finir.

On lui préparait déjà un triomphe dans la capitale.

Malheureusement, trop confiant dans ses succès, il s'avança avec une ardeur inconsidérée dans le pays ennemi ; il fut enveloppé et battu.

Il ne put s'échapper qu'en perdant une partie considérable de son armée.

Le cri de trahison fit retentir tous les échos du pays.

Le général Mathurin fut appréhendé, jugé et condamné à être pendu.

Mais à peine les gens de loi l'avaient-ils ligotté, qu'il ne leur resta plus que les cordes dans les mains.

Mathurin était en Espagne.

Il parcourut ce pays en tous sens, traînant avec lui la longue chaîne de ses regrets et de ses déceptions.

Un jour qu'il passait à travers de vastes campagnes, il entendit un bruit confus de chant, des voix joyeuses qui semblaient arriver à lui de derrière une haie.

Il se dirigea de ce côté et vit près d'une chaumière une nombreuse troupe de paysans qui chantaient, riaient et dansaient.

Emerveillé de cette joie pure et franche, Mathurin s'approcha d'un vieillard aux cheveux blancs qui prenait plaisir à regarder les ébats de toute cette jeunesse rassemblée, et lui demanda la cause de cette fête extraordinaire.

— Tous les dimanches, reprit le vieillard, après avoir été à la messe et aux vêpres, nous nous réunissons ici sur ce gazon, près de ce ruisseau, et nous passons en causeries amicales, en joyeux amusements, les heures qui nous restent.

— C'est un moyen bien agréable et bien facile, répond Mathurin, d'adoucir le poids des fatigues et des travaux de la semaine. J'admire votre secret d'oublier en un jour la vie malheureuse que vous menez les autres jours.

— J'ai passé 70 ans de cette même vie, répondit le vieillard en souriant, et, grâce à Dieu, je ne pourrais pas vous dire qu'elle m'ait été jamais malheureuse.

» Je sais qu'à vous, grands du monde, il ne semble pas qu'on puisse être heureux, si tout ne resplendit autour de vous d'or, d'argent et de pierres précieuses.

» Mais pour nous, simples paysans, lorsque nous entrons dans vos villes, ou dans vos palais, lorsque nous entendons ou que nous voyons le tumulte qui y règne, vos richesses nous font compassion plutôt qu'envie.

» La paix n'est pas pour vous : l'avarice, l'ambition, les guerres, les dissensions, l'envie, la jalousie vous tourmentent, et où il n'y a pas de paix, il n'y a pas de bonheur.

» Nous sommes moins riches que vous : c'est à peine si nous connaissons l'or et l'argent;

mais ce que vous achetez à grands prix, nos troupeaux et nos terres nous le fournissent abondamment, et nous sommes contents.

» Si je puis étancher ma soif à ce petit ruisseau qui coule près de moi, que m'importe que d'autres boivent tout le Tage !

» Vous nagez dans l'abondance et vous êtes plus pauvre que moi, parce que vos mains voudraient toujours tenir plus qu'elles n'ont.

» Les besoins qu'impose la nature sont en petit nombre et faciles à satisfaire.

» Vous vous en créez mille autres par vos passions, et l'impuissance de les contenter vous tient dans une inquiétude et une tristesse continuelles.

» Nous travaillons sans doute, mais le travail loin d'être pour nous une fatigue devient un exercice utile.

» Il éloigne de nous les soucis de l'esprit ;

» Il donne au corps la vigueur et la santé ;

» Il assaisonne par l'appétit les mets les plus grossiers ;

» Il procure un sommeil facile, et alors qu'il se fait sentir plus vivement, il est adouci par la pensée de la moisson qui en sera la récompense ».

Tant de sagesse et de bon sens avaient confondu Mathurin. « Oh ! qu'il est vrai, disait-il en lui-même, que le bonheur que j'ai cherché si loin était dans les champs où je suis né, dans ma pauvre chaumière.

» Ma nourriture était grossière, mais l'appétit lui donnait de la saveur.

» Mes habits étaient simples, mais ils me défendaient contre le froid bien mieux que les habits que m'impose maintenant le caprice de la mode.

» Ma cabane était pauvre, mais j'y dormais d'un doux et paisible sommeil.

» Il a bien raison le vieillard ; il est la voix de Dieu qui me rappelle au droit chemin.

» Maudits soient l'anneau et la bourse qui m'ont fait perdre un temps considérable à rechercher ce que j'avais sous la main. »

Au même moment il prend sa bêche, il enfouit l'anneau et la bourse, mais à une telle profondeur que personne ne pût jamais y parvenir.

Les violents efforts qu'il fit pour approfondir la fosse le réveillèrent.

Déjà les derniers rayons du soleil doraient le sommet des collines.

Les toits fumaient au loin dans la vallée.

Le bruit strident des charrues se mêlait aux mugissements des bœufs qui rentraient.

Le travailleur, content de sa journée, sifflait la joyeuse chansonnette.

Et du milieu de tout ce bruit, Mathurin sembla entendre cette voix ironique qu'il crut être celle de la grande dame aux épis dorés :

« Mathurin, c'est assez dormir, il est temps de couper tes chardons. »

***

DES histoires comme celles-là, non seulement nous remettent en bonne humeur, mais encore éclaircissent nos idées et ouvrent nos esprits.

Il me semble à tout bien prendre que nous nous sommes égarés jusqu'ici ; non pas que je veuille vous amener au dénûment du jeune flûtiste, ou vous fixer à la glèbe à côté de Mathurin.

Il n'est nullement dans mes intentions de heurter de front les idées du jour en pareille matière.

C'est avoir tort que d'avoir raison contre tout le monde.

Je ne me fais pas d'illusion et je sais fort bien que si je publiais *Urbi et Orbi* l'endroit précis où ont été enterrés l'anneau et la bourse, j'y attirerais le genre humain. C'est vrai qu'ayant le pas sur lui je serais moi-même tenté de lui brûler la politesse.

Conservez donc, j'y consens, toutes vos dignités, vos rubans aux mille couleurs et tous vos
colifichets, votre argent et vos biens, vos festins
et vos fêtes ; mais à la condition que vous ayez
le caractère assez heureux pour conserver votre
liberté d'esprit et votre bonne humeur au
milieu du cortège de tracas, de soucis et d'inquiétudes, que tout cela met en branle.

Pour moi, je rentre à domicile et ferme ma
porte à clef. Je me recueille et la tête entre les
mains je cherche en moi et chez moi les éléments du bonheur comme Descartes y cherchait les bases de la vérité.

Je découvre sur le même plan et tout à
côté de cette soif insatiable de bonheur qui me
dévore, le double besoin d'aimer et d'être aimé.
Je veux près de moi des êtres qui me touchent
de si près que leur âme se confonde avec mon
âme dans une mutuelle charité et un dévouement sans bornes.

Rien dans le monde, tel que nous l'a fait la
libre pensée, ne répond plus à ce besoin de mon
cœur. L'égoïsme le plus absolu y règne dans
tout son épanouissement et avec l'égoïsme le
mensonge, l'hypocrisie, la trahison, le mépris,
le rire moqueur, la haine et l'orgueil.

O vous qui vous répandez au dehors dans les
plaisirs et les joies bruyantes, qui grimpez au
faîte des honneurs, des dignités et des richesses,
qui courez la ville ou affrontez les mers, qui

vous heurtez ou vous brisez à tous les écueils de la vie, vous cherchez le bonheur, n'est-ce pas ? N'allez pas si loin, il est dans votre famille et il n'est que là, parce que là seulement peuvent régner et se développer à l'aise, dans toute leur liberté, dans toute leur énergie, dans toute leur réalité, la bonté du cœur, le dévouement, la charité et l'amour.

La Famille

RIEN de plus nécessaire que la famille pour
la tranquillité, le calme et le bonheur de
la vie, et cependant rien de plus délaissé, de
plus abîmé.

La famille souffre plus que le reste.

Tout tombe autour de nous, tout se casse,
tout se brise, tout se rompt; chacun se plaint

et a peur et chacun a un marteau en main
pour démolir quelque chose.

Deus quos vult perdere dementat.

Parmi les débris de toute sorte qui jonchent
le sol, au milieu des ruines accumulées, s'étend,
inerte et sans vie, lamentablement mutilé, le
foyer domestique.

Ce n'est plus qu'un toit où l'on court se mettre à sec, manger et dormir.

Ce n'est plus qu'une cabane ouverte à tous les vents.

Et ses fermes colonnes, le respect et l'obéissance, et ses antiques assises avec ses merveilleux décors, la fidélité, le dévouement, la charité, l'affection et l'amour vrai, tout est par terre.

Que faire en ce désarroi ? La chose est bien simple : laisser là le marteau et prendre la truelle, et malgré l'ouragan qui souffle, construire à neuf. Il y aura de l'ouvrage, n'en doutez pas, mais ça ne sera certainement pas au-dessus de vos forces, du moment que vous vous armez d'une volonté ferme et continue.

Nous allons nous y mettre tout de bon et sérieusement. Du courage donc, mes chers amis, le bonheur est au bout.

JE me suis demandé bien souvent, dans le cours de mon ministère, quelle devait être la qualité du cœur la plus indispensable, la plus efficace, pour fixer dans la famille cette félicité tant recherchée et si souvent inconstante; et invariablement, la même réponse m'arrivait à l'esprit : c'est la bonté! Bonté du père, bonté de la mère, bonté des enfants; la bonté qui pardonne, la bonté qui se dévoue, qui s'épanche, qui condescend.

La bonté embellit l'âme, rend le regard caressant et pur, le sourire bienveillant, le langage simple et franc.

Elle est en nous, comme le premier attrait pour gagner les autres hommes, et le moyen le plus efficace pour répandre autour de nous le charme, le calme et la joie.

Ce qui souvent nous empêche d'être bons, c'est la mauvaise humeur, fille de nos affaires,

de nos discussions, de nos défiances, qui nous
fait voir les hommes et les choses à travers un
crêpe qui les assombrit. Nous ne voyons souvent que nos peines et nous prenons plaisir à
les exagérer, comme pour mieux nous aigrir.

Un poète contemplait un jour un beau rosier.
« Quel dommage que ces roses aient des
épines ! » fit-il. Un chrétien vint à passer qui
lui dit : « Remercions bien plutôt le bon Dieu
de ce qu'il a permis que ces épines eussent des
roses ».

La vie est comme le rosier : nous nous plai-
sons à en médire parce que nous ne voulons
en voir que les épines. Si nous savions en
apprécier les roses, dont il nous est donné de
respirer le parfum, nous serions plus recon-
naissants envers la divine Providence et plus
agréables à nos frères.

Conservez toujours, mes chers amis, votre bonté dans toute sa sérénité, dans toute sa liberté;
et lorsqu'à midi ou le soir vous rentrerez de
vos champs ou de vos affaires, ayez soin de
laisser à la porte les soucis et les inquiétudes
qui assombrissent; vos champs et vos affaires
n'en souffriront point, et les joies de la famille
y gagneront beaucoup.

Il y a des familles où l'on s'aime, mais où on
ne se le dit pas; où l'on a beaucoup à se com-
muniquer, mais où l'on ne parle pas; où l'on a

du cœur, mais où l'on ne s'épanche pas : c'est
le silence glacial ; il y fait froid, il y gèle.

La bonté fait naître l'expansion, la cordia-
lité, et, ce qui ne nuit pas, la douce gaîté et le
franc rire. Il ne doit rien y avoir de caché,
rien de secret dans une famille, on n'y entre-
prend rien sans se consulter l'un l'autre, l'époux

chrétien ouvre son cœur à son épouse, la con-
fidente de ses pensées ; et la femme chrétienne
trouve dans l'âme discrète de son mari une
douceur dans ses peines, en lui donnant toute
sa confiance.

La conversation, d'où par bonté seront sévè-
rement bannies la raillerie, la médisance et la
calomnie, prendra une allure tantôt sérieuse,
tantôt enjouée, mais toujours décente, surtout
vis-à-vis de l'enfant qui l'égaiera par son joyeux
babil et ses réparties imprévues. Joies légi-
times ! Bonheur précieux ! Douces émotions
qui épanouissent l'âme, satisfont la conscience

et consolent le cœur ; délices du foyer domestique que rien ne peut remplacer, de beaucoup préférables à ces joies surfaites et énervantes auxquelles se livrent certaines familles mondaines !

Aujourd'hui c'est le théâtre avec ses scènes émouvantes, demain c'est le bal avec ses feux et ses tourbillons ; aujourd'hui c'est la course avec ses périls, demain c'est l'estaminet avec ses soirées prolongées ; aujourd'hui c'est le plaisir qui enivre, demain c'est la passion qui déshonore ; aujourd'hui c'est la curiosité qui attire, demain c'est la vanité qui séduit. Pauvres foyers ! les portes en sont continuellement ouvertes ! Ces demeures-là se dépeuplent et restent solitaires.

Nous parlions tout à l'heure du froid qui glace, ici c'est le vent brûlant du midi qui dessèche.

La bonté inspire le dévouement, le dévouement dans toute sa vérité, le dévouement qui s'oublie, qui ne compte pas, qui ne calcule pas, qui ne discute pas, qui ne se lasse pas, un dévouement qui nous met à la hauteur de toutes les circonstances, de tous les événements, de toutes les douleurs. Les douleurs !... Il en est de vraies, de réelles, d'inévitables dans ce monde. La famille les adoucit, mais ne les supprime pas. Ce sont les contradictions de la vie, les complications des affaires, les échecs, les ma-

ladies, etc. Oh! qu'il est bon alors de se réunir,
de se consoler, de se fortifier l'un l'autre, afin
que l'épreuve soit moins pénible à subir, la
croix moins lourde à porter.

Des regards amis qui se rencontrent, des
paroles compatissantes qui se croisent, des
cœurs unis qui se comprennent : voilà les con-
solations que présente le foyer chrétien, quand
l'épreuve arrive et que la bonté et le devoir y
règnent.

On raconte que lors de la catastrophe d'An-
derlues, qui a retenti si douloureusement dans
les plaines du Hainaut, des mineurs à la recherche des cadavres rencontrèrent sous les
voûtes silencieuses d'une galerie un père étrei-
gnant dans ses bras ses deux enfants qui
s'étaient jetés sur sa poitrine ! c'est là l'image
lugubre mais juste de la vraie famille, au jour
des afflictions et des suprêmes douleurs.

QUATRE membres concourent surtout au bonheur de la famille : Jésus, le père, la mère et la jeune fille.

Une famille peut se passer de prospérité matérielle, elle peut se passer d'autres avantages qui contribuent assurément au bonheur, elle ne se passe pas de la chose nécessaire, de Jésus qui en est le fondateur et le législateur; et si l'on me cite quelques bonnes familles mondaines, je répondrai que ces familles sont plus chrétiennes qu'elles le croient.

Il y a la distance du ciel à la terre entre la famille la plus éprouvée mais qu'unit une vraie foi et la famille la plus opulente, la mieux douée mais qui ne voit pas au delà des horizons terrestres.

Jésus dans la famille, c'est la sécurité, c'est le calme et la paix, c'est la vraie joie, c'est le bonheur.

Mon affirmation n'est pas une preuve, je le sais. Certaines vérités se prouvent-elles ? peut-on jamais faire autre chose que de dire : voilà ce que j'ai senti, voilà ce qui a répondu aux besoins les plus profonds de mon âme, voilà ce dont je vis, ce qui rend heureux, ce qui relève dans les faiblesses, ce qui console les douleurs sans les effacer, ce qui grandit et multiplie les joies, voilà ce qui donne du prix à l'existence, du charme au devoir, voilà ce qui fait qu'on aime mieux. Voilà ce qui transforme nos maisons en sanctuaires. Voilà ce qui donne comme un avant-goût des joies du ciel.

Lorsque le jour commence à poindre, quelques rayons de soleil pénètrent comme des traits les ténèbres de la nuit ; ce n'est point encore le jour parfait, ce n'est pas encore la lumière dans sa vraie splendeur ; mais on la voit, on la sent, elle échauffe, elle s'élève toujours plus brillante ; ainsi en est-il des joies de la famille quand Jésus en est le chef. Ce ne sont pas encore les joies du ciel, mais c'en est l'aube, les premiers rayons.

Comprenez-vous pourquoi maintenant, en tout temps, en tout lieu, on a senti le besoin de mettre dans la maison un crucifix. Oui, dans l'endroit honorable, le plus en lumière, le plus exposé à tous les yeux, dans l'endroit où on est le plus souvent réuni, sur la cheminée, c'est-là; il y faut l'image du Sauveur, étendant ses deux bras, montrant ses blessures d'amour, et du haut de sa croix, comme du haut d'un trône, présidant à tout ce qui se passe.

**

L E père dans une famille est tout à la fois père, roi et pontife; c'est pour ne pas y avoir songé, c'est parce qu'il a lâchement abdiqué ses augustes fonctions et s'est découronné vis-à-vis de ses enfants que le désordre et l'anarchie sont entrés chez lui.

La faute en remonte au père et pas à d'autres. La mère se maintient généralement, mais elle ne peut rien sans le concours du père.

Qu'il se relève donc s'il a encore du cœur; qu'il ramasse dans la boue du chemin sa couronne qu'il y a jetée; qu'il se pénètre de la noblesse de sa mission.

Un père, digne de ce nom, doit savoir se préserver des vices qui compromettent l'avenir de tant de familles et laissent au cœur de tant d'enfants malheureux le regret de se sentir déchus.

Qu'il s'en aille, dès l'aube, travailler noblement, non pour pouvoir se dégrader le diman-

che et le lundi, mais pour cet enfant qui dort
et qui ne s'éveillera que pour consommer.

La mère alors pourra dire à cet enfant :

« Aime-le bien ce père, car le pain que tu man-
ges, le lit où tu dors, c'est un don de son amour
et non pas un reste de ses désordres ». Et l'enfant plus tard s'en souviendra.

Le père est roi dans la famille. L'enfant n'est
pas seulement son sujet, il est sa propriété ;
c'est le sang de ses veines, c'est l'âme de sa
vie, c'est lui-même. Lui seul a le droit de le
former et de le former comme il l'entend ;
aucun autre n'a le droit d'y mettre la main.

Il doit donc, sentinelle vigilante, garder le
seuil de sa maison, défendre cette frontière
avec plus de dévouement encore qu'il défen-
drait celle de la patrie et en éloigner avec soin
les corrupteurs anonymes, les écrits mauvais
si nombreux en ce moment qui apporteraient
chez lui le désordre et l'impiété.

Le père est pontife dans sa famille ; il jouit auprès de son enfant du privilège de l'infaillibilité.

C'est à son père que l'enfant adresse ses questions et, quelle que soit la réponse, il ne la discutera pas ; fût-elle fausse qu'elle aurait encore assez d'autorité pour annuler toutes celles qui la contrediraient.

Le père profitera d'un tel prestige ; il inspirera à son enfant les vertus viriles, si rares de nos jours, qui font les hommes d'honneur et les héros.

Il saura lui dire, en appuyant ses conseils par ses exemples : « Mon fils, aime ton Dieu, tes frères et ta patrie ; aime la justice jusqu'à mourir plutôt que d'y forfaire.

» Courbe-toi devant Dieu, jamais devant l'homme.

» N'achète jamais par une bassesse ou une trahison l'or et la gloire.

» Sois ferme dans tes principes, sans examiner s'ils te conduisent à la fortune.

« Consens à être pauvre plutôt que lâche.

« Souviens-toi qu'il y a quelque chose de plus précieux que l'or, de plus glorieux que la faveur, de plus doux que le plaisir, c'est le témoignage d'une conscience pure et fière qui peut répondre au vice heureux : Je serai aussi riche que vous quand je m'ennuierai d'être honnête homme et chrétien généreux. »

Si le père, comme nous le disions plus haut, est le roi de la famille, la mère en est la reine.

Elle est là pour tempérer, par la bonté et la mansuétude, la force et la raideur du père, et souvent elle parviendra à obtenir par la douceur ce que celui-ci ne peut obtenir par la sévérité.

— L'amour maternel est ce qu'il y au monde de plus doux et en même temps de plus fort.

La mère sera l'apôtre du foyer domestique et cette mission lui sera d'autant plus facile que Dieu a gravé plus profondément en elle l'amour de la religion.

Elle enseignera chaque jour et à chaque heure à son enfant ses devoirs de chrétien et d'honnête homme et si elle y met la prudence et l'énergie suffisantes son œuvre sera ineffaçable; les passions auront beau s'agiter, l'orage aura beau gronder, les vents auront beau mugir, on pourra toujours dire en montrant cet enfant : Voilà l'ouvrage d'un grand maître, une mère a passé par là.

L A jeune fille doit faire l'ornement de la famille et doit être par sa vertu l'orgueil de sa mère, la gloire de son père et l'honneur de ses frères.

Sa mission est toute tracée : elle est l'ange gardien de la famille et si elle est infidèle à cette mission, elle tombe aux yeux du monde dans un état de déchéance.

La jeune fille restera auprès de sa mère ou de ceux qui ont autorité sur elle ; elle se livrera au soin du ménage et veillera surtout à la propreté de la maison : la propreté est un des attraits qui retiendra au foyer son père et ses frères.

Quand sa tâche sera accomplie, elle se récréera amicalement et cordialement avec ses gens ou bien avec quelques compagnes de son âge et pieuses comme elle.

Un roi de France disait : Quand la loyauté ne se trouverait presque plus sur la terre, elle devrait toujours se retrouver dans le cœur d'un roi.

L'on peut dire également : quand la modestie, la pudeur et la piété seraient bannies de ce monde, elles devraient se rencontrer dans le cœur d'une jeune fille.

C'est là sa véritable beauté, sa véritable dignité; le plus souvent, c'est là son unique fortune.

Qu'elle revête son corps de riches étoffes, qu'elle se pare avec un luxe éblouissant, le monde quoiqu'elle fasse regrettera toujours de ne pas trouver en elle cette beauté indéfinissable qui ne se voit pas, mais que l'âme saisit et admire.

Qu'elle ait une grande fortune; qu'elle se fasse admirer par son intelligence et la distinction de ses manières; si elle n'a que cela sans la modestie, sans la réserve, elle ne sera toujours qu'une fleur sans parfum.

* * *

Dès la première heure où la maladie entre sous son toit, la famille se transforme.

Alors l'affection redouble, les soins grandissent et se multiplient, les prières s'élancent tout naturellement vers le ciel pour la guérison du malade.

Si pauvre soit-elle, elle a en réserve pour lui des soins, des vigilances, des désintéressements qu'aucun hôpital n'égalera jamais, elle lui fait une atmosphère d'amour et de pitié et ne se lasse pas.

Je l'ai vu, le malade fût-il en proie un an, dix ans aux douleurs, aux souffrances, vous trouverez la famille à son poste, aussi attentive, aussi heureuse de se dévouer, consolant, espérant à la dernière heure comme à la première.

L'espoir disparu, le Christ vient. Le prêtre l'apportant montre le ciel à tous, et le mourant comme les survivants se consolent à la pensée que la séparation ne sera pas éternelle.

Un chrétien qui se mourait à la fleur de l'âge disait à sa femme : « Tiens-moi la main jusqu'à ce qu'une autre main me prenne pour m'introduire là-haut », et ainsi, les mains serrées dans l'amertume des déchirements, dans la douceur des certitudes bienheureuses, ces deux époux, plus unis que jamais, attendaient l'heure du délogement.

Dans ces familles-là, on n'affecte pas une confiance béate qui dispense d'avertir, de préparer, d'armer en quelque sorte cette chère âme pour son suprême combat.

Connaissez-vous rien de vénérable, d'attendrissant comme une famille qui avertit ?... Ah ! vous n'avez pas besoin de lui recommander les ménagements ; sa tendresse a toutes les délicatesses.

Elle a évité d'ébranler, elle a frémi à l'idée de causer une douleur, mais elle craindrait mille fois plus de manquer de fidélité envers le bien-aimé qui compte sur elle.

Entre chrétiens, le premier serment, le premier devoir c'est celui-là.

Dussions-nous en mourir nous-mêmes, nous irons, nous prendrons notre pauvre cœur à deux mains, nous trouverons la force de balbutier une parole qui sera comprise.

J'ai vu des mères héroïquement fidèles qui se penchaient sur la couche d'un fils et qui lui disaient : « Mon enfant, Dieu te rappelle ».

Il faut savoir dire cela, le mourant a le droit de l'entendre, et cette parole sera pour lui la preuve par excellence d'un amour qui ne périra jamais.

Ne faut-il pas qu'on se prépare, si parfait soit-on, à la rencontre prochaine de Dieu?

Par là n'assure-t-on pas l'union future des membres de la famille dans le ciel, la recomposition de la famille telle qu'elle vivait sur la terre?

J'ai six enfants, disait un jour un père de famille, et comme on s'étonnait, ne lui en connaissant que quatre, j'ai six enfants, répétait-il, quatre dans la maison d'en-bas et deux dans la maison d'en-haut. Les rapports du père avec ceux de la maison d'en-haut étaient aussi fréquents, aussi simples, aussi naturels, aussi vrais que s'ils l'avaient quitté pour habiter un pays où la famille entière serait disposée à les rejoindre.

Il est des chrétiens qui oublient leurs parents défunts, je le crois bien, il est des chrétiens qui ignorent la famille.

Quand les deux éléments constitutifs de la vie du foyer se sont rencontrés, Jésus-Christ et la famille, soyez sûr qu'on n'oubliera pas.

— * * * —

J'ÉTAIS en tournée de malades à Sin-le-Noble; j'entre sur le soir dans une maison d'ouvrier mineur que je visitais depuis quelque temps déjà.

Je traverse une première pièce très proprement tenue, mais presque vide, et j'entre dans la chambre du malade.

Le soleil couchant y tamisait ses derniers rayons à travers les rideaux d'une étroite lucarne et éclairait d'un jour sombre une scène que je n'oublierai plus.

Le malade, âgé de 25 ans, la figure amaigrie, les yeux éteints, était étendu sur un lit qui avait dû être somptueux dans son temps.

Près de lui, accoudée sur une sorte d'oreiller, presque en haillons, la sœur pleurait en silence. Se tenant bien près de ce visage chéri, de cette bouche qui parlait encore, elle recueillait le dernier adieu.

A son attitude, à ses joues pâles, à ses yeux ternes et appesantis par la fatigue, on reconnaissait le dévoûment et l'amour.

Plus loin, dans le coin le plus obscur de la chambre, en dehors des regards de son fils auxquels elle s'était dérobée, la mère, affaissée sur sa chaise, laissait aller sa douleur en sanglots étouffés.

Ma vue ranima le malade; tout ce qui lui restait de vie vint pour ainsi dire se concentrer dans ses yeux.

— Ah! monsieur l'abbé, s'écria-t-il, quel bonheur de vous voir!... Je vais mourir à l'instant...

— Ce n'est pas pour aujourd'hui encore, lui dis-je, vous avez les yeux bons et la voix ferme.

— C'est pour aujourd'hui, répétait-il, en scandant ses mots et en jetant un regard attristé sur sa sœur qui, ne pouvant plus se maîtriser, avait éclaté en sanglots, je vois le ciel s'ouvrir et les anges prêts à me recevoir... Avant de mourir, j'aurais une faveur à vous demander... Voilà un an que je suis atteint de cette maladie qui me ronge... Je suis depuis lors à la charge de ma mère et de ma sœur... Vous savez avec quel dévouement elles m'ont soigné... Pour moi, elles se sont privées de tout... Je vous affirme, en présence de Dieu qui va me juger à l'instant, qu'il n'y a plus ici un morceau de pain ni un seul sou pour en acheter... Seriez-vous assez bon, M. l'abbé, de m'enterrer gratuitement avec une messe...

Une réponse favorable et l'aumône que je déposai sur l'oreiller illuminèrent son visage

d'un sourire de reconnaissance : puis, comme
si l'agonisant n'avait vécu jusque là que pour
m'exposer sa demande, il soupira douloureusement et ne remua plus.

C'était fini... Sa belle âme s'était envolée
vers le ciel avec le dernier rayon de soleil.

La mère et la fille restaient seules, isolées
dans cette maison que n'égayait plus depuis
longtemps le sourire d'un ami.

Mais qu'importent les amis dans les familles
où il y a de pareils dévoûments, de pareilles
affections.

On n'y a besoin que de la Providence qui
voit et qui pourvoit.

Quand l'hôte divin se trouve dans une famille
que la mort a visitée, les tendresses aussi sont
là. Elles se serrent autour du lit funèbre ; les
yeux inondés de larmes cherchent le ciel, ils
parlent d'avenir éternel, de bonheur sans fin.

Il y a là une douleur, mais il y a aussi une
espérance : il y a là un adieu, mais il y a aussi
un au revoir.

* *

GABRIELLE Cuisinier, épouse de M. Louis
Courouble et sœur du docteur Cuisinier,
se mourait dernièrement à sa campagne de
Ronchin.

C'était une dame de grande allure, unissant toutefois la plus grande simplicité à d'éminentes qualités de cœur et d'esprit.

Elle succombait à l'âge de 37 ans, victime d'une maladie qui ne pardonne pas et dont elle prévoyait depuis longtemps l'issue fatale.

Elle fait appeler ses gens.

— Je sens la mort m'envahir, leur dit-elle, les oreilles me tintent et je ne vois plus que confusément le tableau, là-bas, qui m'a tant consolée.

— Je veux mes enfants.

Trois charmants enfants, dont l'aîné a cinq ans, accourent se serrer auprès du lit, tendant les bras vers leur mère.

Elle les bénit et, posant avec effort ses mains tremblantes sur la tête des deux aînés : « Louis, ne t'en sépare pas ; par eux tu garderas toujours le souvenir de ta femme et je vivrai encore pour toi.

« Ne pleurez pas, ce n'est pas pour toujours. Nous nous reverrons, c'est ma conviction ».

Elle passe alors en revue ses amis et connaissances au nombre desquels j'avais l'honneur de compter. Elle eut pour chacun de nous quelques mots aimables et qui évoquaient parfois les souvenirs joyeux des fêtes de famille.

— Georges, tu leur diras à tous que j'ai pensé à eux avant de mourir.

Et elle devint immobile, le cœur avait cessé de battre.

Mme Cuisinier se penche vers son mari et bien bas : « C'est fini ».

Gabrielle recueille le reste de ses forces, se tourne vers sa belle-sœur et d'une voix éteinte mais très nette :

— Non, pas encore, mémère [1], mais c'est pour bientôt, au revoir...

Six secondes après elle expirait.

Mes lecteurs me pardonneront ces sombres tableaux. J'ai voulu leur dire que la famille continue dans le ciel et que la mort ne saurait être qu'une courte séparation.

Essuyons nos larmes et allons, pour nous reposer, à l'autre extrémité de la vie, au petit enfant.

___

(1) C'est le nom que les enfants donnent à leur tante.

Le petit enfant

Ce qu'il y a de plus précieux, de plus noble dans la famille, c'est l'enfant.

L'enfant est la joie et l'espérance du père et de la mère.

Sous ce front où vos lèvres déposent un baiser pourront se développer un jour des pensées nobles et généreuses, comme aussi pourront y surgir des idées égoïstes, viles et malsaines.

Sous cette poitrine, qu'un souffle léger soulève à peine, pourra battre un cœur aimant, ardent et brave, comme aussi pourra se former un cœur pervers et pusillanime.

C'est une fleur, une plante qui portera de bons ou de mauvais fruits, selon que vous l'aurez bien ou mal cultivée.

L'éducation de l'enfance, c'est ce qu'il y a de plus important dans une famille et c'est très souvent ce qu'il y a de plus négligé, surtout dans les classes populaires.

La raison en est bien claire.

Vous trouverez partout, dans toutes les mains, dans toutes les bibliothèques, les traités d'éducation destinés aux classes élevées, vous n'en trouverez que fort peu qui s'adressent à l'ouvrier, ou du moins qui puissent l'intéresser.

On forme le châtelain et le bourgeois, on délaisse l'enfant du peuple.

Les écoles elles-mêmes concourent au même résultat.

L'éducation fait partie intégrante du programme des hautes études, on la supprime purement et simplement dans les écoles primaires.

De là, la distance qui grandit de plus en plus entre l'ouvrier et le patron.

Le patron s'éloigne de l'ouvrier parce que ses procédés ne sont pas toujours empreints de délicatesse et de convenance ; et l'ouvrier, en retour, plein de haine et d'envie, n'a pour son patron que des sentiments de défiance et de convoitise.

La fortune les sépare, l'éducation, et l'éducation chrétienne seule, pourra les unir.

* *

LE rôle principal dans l'éducation de l'enfant appartient à la mère.

A elle d'entourer cette jeune fleur de sa tendresse et de la garantir contre les vents qui pourraient la flétrir.

Il existe un phénomène qui, tout en nous contristant, nous console en quelque manière et constitue pour la femme une gloire incontestable.

D'une extrémité du monde à l'autre, la femme se montre plus pieuse que l'homme ; elle accueille la bonne nouvelle de l'évangile avec

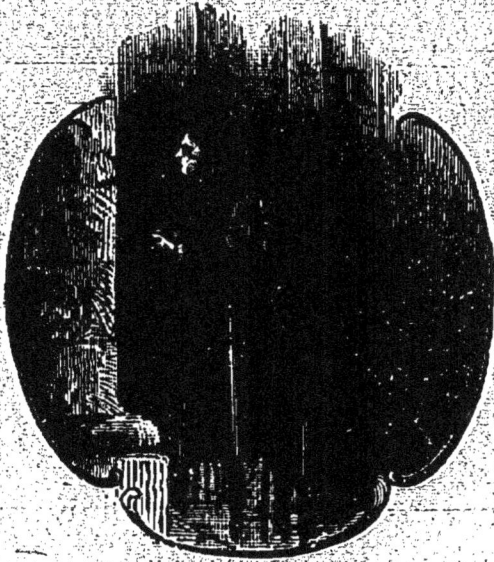

plus d'empressement, elle entoure les autels avec plus d'assiduité et on peut affirmer sans craindre d'être démenti que dans quelques paroisses soi-disant catholiques, sans la femme, le prêtre serait réduit à prier pour son peuple dans l'église presque déserte.

Et comment expliquer ce phénomène ? C'est qu'il était dans les desseins de Dieu que l'homme passât par le cœur et les bras d'une mère avant d'affronter les dangers et les tentations du monde, et c'est, en prévision de cette mission de la mère, que Dieu a gravé dans son cœur l'amour de la piété et de la vertu.

Aussi le monde qui sait excuser tant de faiblesses, j'allais dire tant de crimes, ne permet point l'impiété chez une femme ; il sent qu'une

femme pour être impie ou même indifférente a
besoin de faire violence à ses instincts et à son
cœur. C'est pourquoi dans les familles sérieuses
l'on ne souffrira jamais qu'un jeune homme
s'unisse à une fille sans vertu.

L'ENFANT, encore sans raison, ne peut ni
prier, ni aimer, ni adorer son Dieu; la
mère le priera, l'aimera, l'adorera pour lui.

Elle fera sur lui de temps en temps le signe
de la croix, surtout le soir et le matin, quand
elle le met au berceau ou qu'elle l'en retire.

Plus tard, quand ses petites mains pourront
se plier sans difficulté aux différents mouvements, elle lui fera faire lui-même ce signe
salutaire. Il sanctifiera ainsi le premier usage
de ses membres.

De deux à trois ans commence l'éducation proprement dite. C'est alors le temps de veiller à l'épanouissement de son âme, au développement de son intelligence.

Le cerveau de l'enfant peut être comparé à une cire molle ; il reçoit facilement et pour toujours l'impression de toutes les idées qu'on lui suggère et de tous les événements qui l'entourent ; c'est comme cela que les vieillards, dont le cerveau s'est endurci par les années, ne retiennent plus les événements les plus importants qui se passent sous leurs yeux, tandis qu'ils se rappellent merveilleusement les choses les plus insignifiantes dont ils ont été témoins dès les premières années de leur vie.

Nous rencontrons de plus, dans l'enfant, le même phénomène que nous signalions plus haut chez la mère ; si petit qu'il soit, il se sent tout naturellement porté vers les choses de Dieu ; il courra au prêtre, son représentant, avec le même empressement que mettront à le fuir les gens que le vice a pervertis ; et les vérités chrétiennes et les sentiments religieux que Dieu a déposés dans le cœur de la mère, comme le lait dans son sein, il les recevra d'instinct et avec amour.

La mère mettra à profit ces merveilleuses dispositions de l'enfant ; elle pourra, sans inconvénient, orner sa jeune âme des images

réconfortantes de la religion et des idées salu-
taires de la morale.

Mais elle n'ira pas plus loin. Pour le reste,
elle attendra.

Je ne connais rien de plus insensé que de
vouloir faire un prodige d'un enfant de cinq
ans.

On lui entasse dans la tête un tas de fables,
de récits et de compliments qu'il récite avec
force gestes, devant les badauds en extase.

On va jusqu'à l'initier aux sciences, à l'histoire, à la mythologie, que sais-je, moi ?..

Eh bien ! Apprenez ceci : malgré vos expli-
cations, l'enfant ne verra pas les choses avec le
même horizon que vous ; il se fera, sur tout
cela, des idées fausses, erronées, dont il se
débarrassera difficilement plus tard ; et lui,
qu'on aura admiré comme un génie à cinq ans,
deviendra un imbécile à vingt.

Rien ne sert de forcer la nature ; chaque
chose a son temps. Plus tard, à dix ans, il
apprendra plus en une heure qu'il ne le ferait
à cinq en huit jours.

Comme la fleur des champs, l'enfant doit
s'épanouir au soleil et au grand air : sur la
lisière des bois, dans les prairies et le long des
chemins.

* *

QUAND l'enfant aura grandi, la correction viendra s'ajouter aux paroles.

À ce mot de correction, je vois des mères, animées d'un saint zèle, songer à faire une ample provision de verges, de bâtons et de martinets.

Doucement, s'il vous plaît; l'éducation deviendrait par trop facile s'il suffisait de faire suivre chaque faute d'un coup de bâton. C'est vrai qu'alors, le cœur se mettant de la partie, de nombreuses mères frapperaient à côté et tout serait à refaire.

La correction, disait fort bien la mère de Cyrus, doit être tissée de soie : si la correction tissée de soie ne suffit pas, il faut y mélanger de la laine : Elle voulait dire qu'avant d'en venir aux mesures de rigueur, il faut employer la douceur.

Les corrections varient à l'infini; elles se régleront sur l'âge, les fautes et le caractère de l'enfant. L'industrie et le bon sens de la mère sauront bien trouver celles qui conviennent le mieux dans les différentes circonstances; ce qu'il importe, c'est que chaque faute soit *aussitôt* et *toujours* suivie de sa punition, que la punition une fois donnée soit irrévocable et accomplie de point en point.

Soyez fidèles à ces deux principes et je réponds de votre enfant; il vous respectera, il vous aimera toujours et, quand plus tard il pourra se rendre compte par lui-même des heureux effets d'une bonne éducation, il vous aimera davantage encore, si c'est possible, et vous en gardera dans le fond du cœur une reconnaissance éternelle.

⁎⁎

Quand votre enfant a commis une faute, examinez avant tout si elle vient d'une volonté perverse, ou si elle n'est que l'effet de l'inadvertance. Pour qu'il y ait vraiment faute, il faut la volonté et la réflexion; il faut, comme on le dit vulgairement : le faire exprès.

On voit des parents tomber à bras raccourcis sur leurs enfants quand ils ont eu le malheur de casser ou d'égarer un objet quelconque, tandis qu'ils restent impassibles en les voyant offenser Dieu.

Comment voulez-vous que l'enfant se pénètre de la gravité d'une faute, lorsqu'il voit que, pour un verre brisé ou une chaufferette renversée, sa mère fait un vacarme du diable et menace de le mettre en pièces, tandis que, s'il s'agit de mensonges, de paroles inconvenantes, de blasphèmes, de manquements à la messe, elle est là à le regarder droite et immobile comme si elle avait avalé une barre de fer.

Il y a dans l'enfant toute une armée de forces et d'activités qu'il faut diriger vers le bien et qui, laissées à elles-mêmes, sans direction et sans boussole, iraient infailliblement au mal.

L'éducation ne consiste pas, comme le supposent certains esprits superficiels et bornés, à éteindre ces forces, ces activités de l'âme et à faire des enfants de simples automates sans vigueur et sans initiative.

Votre enfant a-t-il de l'énergie, une certaine force de volonté?... si vous voyez qu'il s'en sert pour le mal, qu'il résiste, par exemple, opiniâtrement à ce que vous lui commandez, réprimez sans merci ; si, au contraire, il l'emploie au bien, à vouloir mieux faire que ses camarades, à s'acharner contre une difficulté qu'il rencontre, applaudissez et encouragez. Il en sera de même pour l'audace, la bravoure.

Que de criminels ont porté la tête sur l'échafaud et qui auraient été des hommes illustres, des héros, des saints, si une main intelligente et ferme avait su diriger leurs facultés naissantes.

Ravachol, avec son audace, avec ses résolutions farouches mais énergiques, avec son dévouement sauvage mais désintéressé à la cause qu'il défendait, avec son adresse incroyable à dépister les plus fins limiers lancés à sa poursuite, aurait pu devenir un préfet de police, un bienfaiteur de l'humanité, s'il avait rencontré à son berceau un ange conducteur au lieu d'une fille-mère.

* * *

Ne souffrez jamais que vos enfants soient oisifs; habituez-les de bonne heure au travail.

Le travail éloigne la misère, fait oublier les peines et les douleurs, amène l'aisance au ménage, protège contre le vice, rend le caractère facile et gai.

Du reste, nous sommes sur ce point parfaitement d'accord et, comme la paresse nuit d'une manière évidente à l'acquisition et à la conservation des biens matériels, vous êtes généralement très attentifs et très soigneux à combattre, dans vos enfants, les premiers symptômes de ce défaut.

Mais il y a une autre paresse contre laquelle des parents ne songent pas assez à prémunir leurs enfants et qui pourtant doit leur être, en un sens, bien plus funeste que l'autre : c'est la paresse spirituelle.

On rencontre quelquefois de ces enfants qui ne prient Dieu que par force, toujours le moins souvent et le moins longuement qu'ils peuvent; ils n'assistent aux offices que malgré eux; ils n'apprennent leur catéchisme qu'autant qu'on les stimule et les harcèle ; c'est un malheur et vous devez, avec toute l'énergie et la vigilance dont vous êtes capables, combattre cette inclination déplorable à tous les points de vue.

C'est parmi eux que se recrutent ces mauvais sujets de vingt à trente ans qu'on ne voit plus à l'église, qui puisent dans leurs mauvais instincts la haine de Dieu, du prêtre et de leurs parents.

On dit quelquefois : ceux qui vont à l'église ne valent pas mieux que les autres.

Cela n'est pas vrai.

Il y a un abîme entre celui qui se sent attiré vers l'église et y vient volontiers, ne fût-ce que de temps en temps, et celui qui ne sent aucun attrait pour les choses de Dieu et qui, de fait, n'assiste jamais aux offices.

Un jour, M. Thiers, du haut de la tribune, défendait les droits du pape et le faisait comme toujours avec éloquence.

Un député s'adressant à ses voisins leur dit, assez haut pour être entendu de l'orateur :

« Il va à la messe ! »

« Oui, mon cher collègue, je vais à la messe de temps à autre et j'y suis à l'aise », répondit M. Thiers.

C'était sous une apparence de bonhomie faire à l'interrupteur la leçon la plus sévère. *J'y suis à l'aise* ; le seriez-vous ?...

Savez-vous bien, mes chers amis, que ce n'est pas peu de chose, pour un vicieux, que de se trouver au milieu d'honnêtes gens qui prient et de prier avec eux, de se prosterner devant un Dieu qu'il offense journellement, de pouvoir

sans broncher se trouver en face du prédicateur et de se reconnaître à chaque instant dans son sermon comme dans un miroir. Non, un vicieux n'est pas à l'aise dans l'église et il s'en éloigne.

**

LA mère combattra dans son enfant le défaut de l'avarice.

On trouvera étrange que je parle d'avarice, à propos d'enfants qui ne possèdent pas. Mon Dieu! chaque âge a ses hochets; les vôtres paraissent plus importants, les leurs sont de moindre valeur : ce sont des hochets, chez vous comme chez eux.

L'enfant avare s'attachera passionnément au peu qu'il possède ; il se gardera bien de partager avec ses frères, ses sœurs, ses amis ; il s'attristera à la moindre perte qu'il éprouvera ; qui sait même si, sous l'empire de ce maudit penchant, il ne finira pas par s'adonner aux vols, aux tromperies, aux fraudes ; et quel malheur pour les parents et pour lui, si jamais il devait entrer dans le monde avec de pareilles inclinations.

Habituez l'enfant à donner, à se dessaisir, en faveur de ses camarades, de choses auxquelles il s'est trop attaché. Je vois parfois des parents donner à la quête par la main de leur petit enfant, c'est très sensé cela ; cette aumône faite à l'église, celle qu'il fera aux pauvres, à l'occasion, acquerront une double valeur, en passant par des mains si pures et l'habitueront, en même temps, à la générosité que le monde considère comme la plus belle des vertus.

* *

LA raison de l'enfant n'étant pas assez forte, assez développée pour lui démontrer par elle-même ce qu'il doit faire, il reproduira instinctivement les actes qu'il verra faire à l'extérieur et, selon que ces actes seront bons

ou mauvais, son esprit prendra une bonne ou
une mauvaise direction, de bonnes ou de mauvaises habitudes.

Prenez l'enfant dès ses premières années et
vous verrez que tout ce qu'il fait, il le fait par
imitation. C'est par ses sens, par ses yeux
qu'il se fait peu à peu des idées, des sentiments
et tout un petit système de vie.

Et ceci est si vrai, cette inclination de l'enfant
à imiter est si grande, que vous retrouverez en
lui la parole, l'accent, le geste et jusqu'au sourire de son père et de sa mère.

L'art si difficile du langage, il l'acquiert sans
effort et comme instinctivement en répétant ce
qu'il entend dire.

Les premiers mouvements du cœur, l'atta-
chement, la bonté, la reconnaissance, il les
puise dans les caresses de sa mère.

La pensée de Dieu, l'idée des choses religieu-
ses, le pressentiment d'un autre monde, il les
acquiert surtout en voyant prier son père et
sa mère.

La famille et tout ce qui s'y passe, voilà donc
le miroir ou, pour parler plus juste, le livre
constamment ouvert où l'enfant, avec le seul
secours de ses yeux, va chercher la règle de
sa vie.

Les parents chrétiens ne sauraient donc
échapper à cette nécessité d'être, bon gré, mal
gré, la loi vivante de leurs enfants et comme

la mesure de leur destinée. La première et la plus rigoureuse de leurs obligations est donc d'élever sérieusement leur vie à la hauteur de cette grave situation et d'être, pour leurs enfants, comme une prédication vivante où, d'eux-mêmes et sans efforts, ils viendront étudier leurs devoirs.

Demander la vertu à l'enfant lorsque par ses exemples on lui enseigne le vice, cela n'est pas naturel ; lui demander la piété lorsqu'on lui donne l'exemple de l'indifférence ou de l'irréligion, c'est heurter le bon sens.

Avec un tel système d'éducation, on pourra faire des hypocrites ou des esclaves, mais des chrétiens sincères, ce qu'on appelle des convaincus, jamais ; non, jamais l'enfant ne prendra au sérieux des préceptes de conduite et des règles de morale que ses parents ne respectent pas.